I0374426

TRANZLATY

Language is for everyone

زبان سب کے لیے ہے۔

Beauty and the Beast

خوبصورتی اور جانور

Gabrielle-Suzanne Barbot de Villeneuve

English / اردو

Copyright © 2025 Tranzlaty
All rights reserved
Published by Tranzlaty
ISBN: 978-1-83566-995-2
Original text by Gabrielle-Suzanne Barbot de Villeneuve
La Belle et la Bête
First published in French in 1740
Taken from The Blue Fairy Book (Andrew Lang)
Illustration by Walter Crane
www.tranzlaty.com

There was once a rich merchant
ایک زمانے میں ایک امیر سوداگر تھا۔

this rich merchant had six children
اس امیر تاجر کے چھ بچے تھے۔

he had three sons and three daughters
اس کے تین بیٹے اور تین بیٹیاں تھیں۔

he spared no cost for their education
اس نے ان کی تعلیم کے لیے کوئی قیمت نہیں چھوڑی۔

because he was a man of sense
کیونکہ وہ ایک باشعور آدمی تھا۔

but he gave his children many servants
لیکن اس نے اپنے بچوں کو بہت سے نوکر دئیے

his daughters were extremely pretty
اس کی بیٹیاں بہت خوبصورت تھیں۔

and his youngest daughter was especially pretty
اور اس کی سب سے چھوٹی بیٹی خاص طور پر خوبصورت تھی۔

as a child her Beauty was already admired
بچپن میں ہی اس کی خوبصورتی کی تعریف کی گئی تھی۔

and the people called her by her Beauty
اور لوگ اسے اس کی خوبصورتی سے پکارتے تھے۔

her Beauty did not fade as she got older
عمر بڑھنے کے ساتھ اس کی خوبصورتی ختم نہیں ہوئی۔

so the people kept calling her by her Beauty
تو لوگ اسے اس کی خوبصورتی سے پکارتے رہے۔

this made her sisters very jealous
اس سے اس کی بہنوں کو بہت رشک آیا

the two eldest daughters had a great deal of pride
دونوں بڑی بیٹیوں کو بڑا فخر تھا۔

their wealth was the source of their pride
ان کی دولت ان کے فخر کا باعث تھی۔

and they didn't hide their pride either
اور انہوں نے اپنا غرور بھی نہیں چھپایا

they did not visit other merchants' daughters
وہ دوسرے تاجروں کی بیٹیوں کے پاس نہیں جاتے تھے۔

because they only meet with aristocracy
کیونکہ وہ صرف اشرافیہ سے ملتے ہیں۔

they went out every day to parties
وہ ہر روز پارٹیوں کے لیے باہر جاتے تھے۔

balls, plays, concerts, and so forth
گیندیں، ڈرامے، کنسرٹ وغیرہ

and they laughed at their youngest sister
اور وہ اپنی سب سے چھوٹی بہن پر ہنسے۔

because she spent most of her time reading
کیونکہ اس نے اپنا زیادہ تر وقت پڑھنے میں صرف کیا۔

it was well known that they were wealthy
یہ مشہور تھا کہ وہ دولت مند تھے۔

so several eminent merchants asked for their hand
تو کئی نامور تاجروں نے ان سے ہاتھ مانگا۔

but they said they were not going to marry
لیکن انہوں نے کہا کہ وہ شادی نہیں کریں گے۔

but they were prepared to make some exceptions
لیکن وہ کچھ استثناء کرنے کے لیے تیار تھے۔

"perhaps I could marry a Duke"
"شاید میں ڈیوک سے شادی کر سکتا ہوں"

"I guess I could marry an Earl"
"مجھے لگتا ہے کہ میں ایک ارل سے شادی کر سکتا ہوں"

Beauty very civilly thanked those that proposed to her
خوبصورتی نے بہت ہی مہذب انداز میں ان لوگوں کا شکریہ ادا کیا جنہوں نے اسے تجویز کیا۔

she told them she was still too young to marry
اس نے انہیں بتایا کہ وہ ابھی شادی کے لیے بہت چھوٹی ہے۔

she wanted to stay a few more years with her father
وہ اپنے والد کے ساتھ مزید کچھ سال رہنا چاہتی تھی۔

All at once the merchant lost his fortune
ایک دم سوداگر اپنی قسمت کھو بیٹھا۔

he lost everything apart from a small country house
اس نے ایک چھوٹے سے ملک کے گھر کے علاوہ سب کچھ کھو دیا۔

and he told his children with tears in his eyes:
اور اس نے آنکھوں میں آنسو لیے اپنے بچوں سے کہا :

"we must go to the countryside"
"ہمیں دیہی علاقوں میں جانا چاہیے"

"and we must work for our living"

"اور ہمیں اپنی زندگی کے لیے کام کرنا چاہیے۔"

the two eldest daughters didn't want to leave the town

دونوں بڑی بیٹیاں شہر چھوڑنا نہیں چاہتی تھیں۔

they had several lovers in the city

شہر میں ان کے کئی عاشق تھے۔

and they were sure one of their lovers would marry them

اور انہیں یقین تھا کہ ان کے چاہنے والوں میں سے کوئی ان سے شادی کرے گا۔

they thought their lovers would marry them even with no fortune

ان کا خیال تھا کہ ان کے چاہنے والے ان سے شادی کر لیں گے یہاں تک کہ خوش قسمتی سے بھی

but the good ladies were mistaken

لیکن اچھی عورتیں غلط تھیں۔

their lovers abandoned them very quickly

ان کے چاہنے والوں نے انہیں بہت جلد چھوڑ دیا۔

because they had no fortunes any more

کیونکہ ان کے پاس اب کوئی خوش قسمتی نہیں تھی۔

this showed they were not actually well liked

یہ ظاہر کرتا ہے کہ وہ اصل میں اچھی طرح سے پسند نہیں تھے

everybody said they do not deserve to be pitied

سب نے کہا کہ وہ ترس کھانے کے لائق نہیں ہیں۔

"we are glad to see their pride humbled"

"ہمیں ان کے غرور کو پست دیکھ کر خوشی ہوئی۔"

"let them be proud of milking cows"

"وہ گائے کو دودھ دینے پر فخر کریں۔"

but they were concerned for Beauty

لیکن وہ خوبصورتی کے لیے فکر مند تھے۔

she was such a sweet creature

وہ اتنی پیاری مخلوق تھی۔

she spoke so kindly to poor people

وہ غریب لوگوں سے بہت نرمی سے بات کرتی تھی۔

and she was of such an innocent nature

اور وہ اتنی معصوم طبیعت کی تھی۔

Several gentlemen would have married her

کئی حضرات اس سے شادی کر چکے ہوں گے۔

they would have married her even though she was poor
وہ غریب ہونے کے باوجود اس سے شادی کر لیتے
but she told them she couldn't marry them
لیکن اس نے انہیں بتایا کہ وہ ان سے شادی نہیں کر سکتی
because she would not leave her father
کیونکہ وہ اپنے باپ کو نہیں چھوڑے گی۔
she was determined to go with him to the countryside
وہ اس کے ساتھ دیہی علاقوں میں جانے کے لیے پر عزم تھی۔
so that she could comfort and help him
تاکہ وہ اسے تسلی دے اور اس کی مدد کر سکے۔
Poor Beauty was very grieved at first
بیچارہ حسن پہلے تو بہت غمگین تھا۔
she was grieved by the loss of her fortune
وہ اپنی قسمت کے نقصان سے غمگین تھی۔
"but crying won't change my fortunes"
"لیکن رونے سے میری قسمت نہیں بدلے گی"
"I must try to make myself happy without wealth"
"مجھے دولت کے بغیر خود کو خوش رکھنے کی کوشش کرنی چاہیے"
they came to their country house
وہ اپنے ملک کے گھر آئے
and the merchant and his three sons applied themselves to husbandry
اور سوداگر اور اس کے تین بیٹوں نے خود کو پالنے کے لیے لگا دیا۔
Beauty rose at four in the morning
صبح چار بجے خوبصورتی بڑھ گئی۔
and she hurried to clean the house
اور وہ جلدی سے گھر صاف کرنے لگی
and she made sure dinner was ready
اور اس نے یقینی بنایا کہ رات کا کھانا تیار ہے۔
in the beginning she found her new life very difficult
شروع میں اسے اپنی نئی زندگی بہت مشکل لگی
because she had not been used to such work
کیونکہ وہ ایسے کام کی عادی نہیں تھی۔
but in less than two months she grew stronger
لیکن دو ماہ سے بھی کم عرصے میں وہ مضبوط ہو گئی۔
and she was healthier than ever before

اور وہ پہلے سے زیادہ صحت مند تھی۔
after she had done her work she read
اپنا کام کرنے کے بعد اس نے پڑھا۔
she played on the harpsichord
وہ ہارپسیکورڈ پر کھیلتی تھی۔
or she sung whilst she spun silk
یا اس نے ریشم کاتتے ہوئے گایا
on the contrary, her two sisters did not know how to spend their time
اس کے برعکس، اس کی دونوں بہنیں نہیں جانتی تھیں کہ اپنا وقت کیسے گزاریں۔
they got up at ten and did nothing but laze about all day
وہ دس بجے اٹھے اور سارا دن سستی کے سوا کچھ نہیں کیا۔
they lamented the loss of their fine clothes
انہوں نے اپنے عمدہ لباس کے نقصان پر افسوس کا اظہار کیا۔
and they complained about losing their acquaintances
اور انہوں نے اپنے جاننے والوں کو کھونے کی شکایت کی۔
"Have a look at our youngest sister," they said to each other
"ہماری سب سے چھوٹی بہن کو دیکھو، "انہوں نے ایک دوسرے سے کہا
"what a poor and stupid creature she is"
"کتنی غریب اور احمق مخلوق ہے وہ"
"it is mean to be content with so little"
"اس کا مطلب یہ ہے کہ بہت کم پر راضی رہنا "
the kind merchant was of quite a different opinion
مہربان تاجر کی رائے بالکل مختلف تھی۔
he knew very well that Beauty outshone her sisters
وہ اچھی طرح جانتا تھا کہ خوبصورتی اس کی بہنوں کو پیچھے چھوڑ دیتی ہے۔
she outshone them in character as well as mind
اس نے کردار کے ساتھ ساتھ دماغ میں بھی ان کو پیچھے چھوڑ دیا۔
he admired her humility and her hard work
اس نے اس کی عاجزی اور اس کی محنت کی تعریف کی۔
but most of all he admired her patience
لیکن سب سے زیادہ اس نے اس کے صبر کی تعریف کی۔
her sisters left her all the work to do

اس کی بہنوں نے اسے تمام کام کرنے کے لیے چھوڑ دیا۔
and they insulted her every moment
اور انہوں نے ہر لمحہ اس کی توہین کی۔
The family had lived like this for about a year
یہ خاندان تقریباً ایک سال تک ایسے ہی رہتا تھا۔
then the merchant got a letter from an accountant
پھر تاجر کو ایک اکاؤنٹنٹ کا خط ملا
he had an investment in a ship
اس نے ایک جہاز میں سرمایہ کاری کی تھی۔
and the ship had safely arrived
اور جہاز بحفاظت پہنچ گیا تھا۔
this news turned the heads of the two eldest daughters
نے دونوں بڑی بیٹیوں کے سر پھیر دیے۔
they immediately had hopes of returning to town
انہیں فوری طور پر شہر واپس آنے کی امید تھی۔
because they were quite weary of country life
کیونکہ وہ دیسی زندگی سے بہت تنگ تھے۔
they went to their father as he was leaving
وہ اپنے باپ کے پاس گئے جب وہ جا رہا تھا۔
they begged him to buy them new clothes
اُنہوں نے اُس سے التجا کی کہ وہ اُن کے لیے نئے کپڑے خریدے۔
dresses, ribbons, and all sorts of little things
کپڑے، ربن، اور ہر طرح کی چھوٹی چیزیں
but Beauty asked for nothing
لیکن خوبصورتی نے کچھ نہیں مانگا۔
because she thought the money wasn't going to be enough
کیونکہ اس کا خیال تھا کہ پیسے کافی نہیں ہوں گے۔
there wouldn't be enough to buy everything her sisters wanted
ہر وہ چیز خریدنے کے لیے کافی نہیں ہوگی جو اس کی بہنیں چاہتی تھیں۔
"What would you like, Beauty?" asked her father
"تم کیا پسند کرو گی خوبصورتی؟ "اس کے والد سے پوچھا
"thank you, father, for the goodness to think of me," she said
"آپ کا شکریہ، والد، میرے بارے میں سوچنے کے لئے اچھائی کے لئے، "اس نے کہا

"father, be so kind as to bring me a rose"

"ابا، اتنا مہربان ہو کہ مجھے ایک گلاب لا دیں "

"because no roses grow here in the garden"

"کیونکہ یہاں باغ میں کوئی گلاب نہیں اگتا "

"and roses are a kind of rarity"

"اور گلاب ایک قسم کی نایاب ہیں "

Beauty didn't really care for roses

خوبصورتی واقعی گلابوں کی پرواہ نہیں کرتی تھی۔

she only asked for something not to condemn her sisters

اس نے صرف اپنی بہنوں کی مذمت نہ کرنے کے لیے کچھ مانگا۔

but her sisters thought she asked for roses for other reasons

لیکن اس کی بہنوں کا خیال تھا کہ اس نے دوسری وجوہات کی بنا پر گلاب مانگے ہیں۔

"she did it just to look particular"

"اس نے یہ صرف خاص نظر آنے کے لیے کیا "

The kind man went on his journey

مہربان آدمی اپنے سفر پر چلا گیا۔

but when he arrived they argued about the merchandise

لیکن جب وہ پہنچا تو وہ سامان کے بارے میں بحث کرنے لگے

and after a lot of trouble he came back as poor as before

اور بہت تکلیف کے بعد وہ پہلے کی طرح غریب واپس آیا

he was within a couple of hours of his own house

وہ اپنے گھر سے چند گھنٹوں کے اندر اندر تھا۔

and he already imagined the joy of seeing his children

اور اس نے پہلے ہی اپنے بچوں کو دیکھ کر خوشی کا تصور کر لیا تھا۔

but when going through forest he got lost

لیکن جنگل میں جاتے وقت وہ گم ہو گیا۔

it rained and snowed terribly

بارش ہوئی اور بہت زیادہ برف باری ہوئی۔

the wind was so strong it threw him off his horse

ہوا اتنی تیز تھی کہ اس نے اسے گھوڑے سے اتار دیا۔

and night was coming quickly

اور رات تیزی سے آ رہی تھی

he began to think that he might starve

وہ سوچنے لگا کہ شاید وہ بھوکا مر جائے۔

and he thought that he might freeze to death

اور اس نے سوچا کہ شاید وہ جم جائے گا۔

and he thought wolves may eat him

اور اس نے سوچا کہ اسے بھیڑیے کھا سکتے ہیں۔

the wolves that he heard howling all round him

وہ بھیڑیے جنہیں اس نے اپنے چاروں طرف چیختے سنا

but all of a sudden he saw a light

لیکن اچانک اس نے ایک روشنی دیکھی۔

he saw the light at a distance through the trees

اس نے درختوں میں سے کچھ فاصلے پر روشنی دیکھی۔

when he got closer he saw the light was a palace

قریب پہنچا تو دیکھا کہ روشنی ایک محل تھی۔

the palace was illuminated from top to bottom

محل اوپر سے نیچے تک روشن تھا۔

the merchant thanked God for his luck

تاجر نے اپنی قسمت پر اللہ کا شکر ادا کیا۔

and he hurried to the palace

اور وہ جلدی سے محل کی طرف بڑھا

but he was surprised to see no people in the palace

لیکن محل میں لوگوں کو نہ دیکھ کر وہ حیران ہوا۔

the court yard was completely empty

عدالت کا صحن بالکل خالی تھا۔

and there was no sign of life anywhere

اور کہیں بھی زندگی کا کوئی نشان نہیں تھا۔

his horse followed him into the palace

اس کا گھوڑا اس کے پیچھے محل میں چلا گیا۔

and then his horse found large stable

اور پھر اس کا گھوڑا بڑا مستحکم پایا

the poor animal was almost famished

غریب جانور تقریبا بھوکا تھا

so his horse went in to find hay and oats

چنانچہ اس کا گھوڑا گھاس اور جئی تلاش کرنے کے لیے اندر گیا۔

fortunately he found plenty to eat

خوش قسمتی سے اسے کھانے کے لیے کافی ملا

and the merchant tied his horse up to the manger

اور سوداگر نے اپنا گھوڑا چرنی کے ساتھ باندھ دیا۔

walking towards the house he saw no one
گھر کی طرف بڑھا تو اسے کوئی نظر نہیں آیا

but in a large hall he found a good fire
لیکن ایک بڑے ہال میں اسے اچھی آگ لگی

and he found a table set for one
اور اسے ایک کے لیے ایک میز ملا

he was wet from the rain and snow
وہ بارش اور برف سے گیلا تھا۔

so he went near the fire to dry himself
سو وہ خود کو خشک کرنے کے لیے آگ کے قریب گیا۔

"I hope the master of the house will excuse me"
"مجھے امید ہے گھر کے مالک مجھے معاف کر دیں گے"

"I suppose it won't take long for someone to appear"
"مجھے لگتا ہے کہ کسی کے ظاہر ہونے میں زیادہ وقت نہیں لگے گا"

He waited a considerable time
اس نے کافی دیر انتظار کیا۔

he waited until it struck eleven, and still nobody came
وہ گیارہ بجے تک انتظار کرتا رہا، پھر بھی کوئی نہیں آیا

at last he was so hungry that he could wait no longer
آخرکار وہ اتنا بھوکا تھا کہ وہ مزید انتظار نہیں کر سکتا تھا۔

he took some chicken and ate it in two mouthfuls
اس نے چکن لیا اور دو منہ میں کھا لیا۔

he was trembling while eating the food
کھانا کھاتے ہوئے وہ کانپ رہا تھا۔

after this he drank a few glasses of wine
اس کے بعد اس نے شراب کے چند گلاس پیے۔

growing more courageous he went out of the hall
وہ مزید ہمت بڑھا کر ہال سے باہر نکل گیا۔

and he crossed through several grand halls
اور وہ کئی بڑے ہالوں سے گزرا۔

he walked through the palace until he came into a chamber
وہ محل سے گزرا یہاں تک کہ وہ ایک کوٹھڑی میں آ گیا۔

a chamber which had an exceeding good bed in it
ایک کمرہ جس میں ایک بہت اچھا بستر تھا۔

he was very much fatigued from his ordeal
وہ اپنی آزمائش سے بہت تھکا ہوا تھا۔

and the time was already past midnight
اور وقت آدھی رات گزر چکا تھا۔

so he decided it was best to shut the door
تو اس نے فیصلہ کیا کہ دروازہ بند کرنا ہی بہتر ہے۔

and he concluded he should go to bed
اور اس نے یہ نتیجہ اخذ کیا کہ اسے بستر پر جانا چاہئے۔

It was ten in the morning when the merchant woke up
صبح کے دس بج رہے تھے جب سوداگر بیدار ہوا۔

just as he was going to rise he saw something
جیسے ہی وہ اٹھنے جا رہا تھا اس نے کچھ دیکھا

he was astonished to see a clean set of clothes
وہ صاف ستھرے کپڑوں کو دیکھ کر حیران رہ گیا۔

in the place where he had left his dirty clothes
اس جگہ جہاں اس نے اپنے گندے کپڑے چھوڑے تھے۔

"certainly this palace belongs to some kind fairy"
"یقیناً یہ محل کسی پری کا ہے"

"a fairy who has seen and pitied me"
"ایک پری جس نے مجھے دیکھا اور ترس آیا"

he looked through a window
اس نے کھڑکی سے دیکھا

but instead of snow he saw the most delightful garden
لیکن برف کے بجائے اس نے سب سے لذت بخش باغ دیکھا

and in the garden were the most beautiful roses
اور باغ میں سب سے خوبصورت گلاب تھے۔

he then returned to the great hall
پھر وہ عظیم ہال میں واپس آیا

the hall where he had had soup the night before
وہ ہال جہاں اس نے ایک رات پہلے سوپ کھایا تھا۔

and he found some chocolate on a little table
اور اسے ایک چھوٹی میز پر چاکلیٹ ملی

"Thank you, good Madam Fairy," he said aloud
"شکریہ گڈ میڈم پری" اس نے بلند آواز میں کہا

"thank you for being so caring"
"اتنا خیال رکھنے کا شکریہ"

"I am extremely obliged to you for all your favours"
"میں آپ کے تمام احسانات کا انتہائی پابند ہوں"

the kind man drank his chocolate
مہربان آدمی نے اپنی چاکلیٹ پی لی
and then he went to look for his horse
اور پھر وہ اپنے گھوڑے کو ڈھونڈنے چلا گیا۔
but in the garden he remembered Beauty's request
لیکن باغ میں اسے خوبصورتی کی فرمائش یاد آ گئی۔
and he cut off a branch of roses
اور اس نے گلاب کی ایک شاخ کاٹ دی۔
immediately he heard a great noise
فوراً اس نے ایک بڑا شور سنا
and he saw a terribly frightful Beast
اور اس نے ایک بہت ہی خوفناک جانور دیکھا
he was so scared that he was ready to faint
وہ اتنا خوفزدہ تھا کہ وہ بے ہوش ہونے کو تیار تھا۔
"You are very ungrateful," said the Beast to him
"تم بہت ناشکرے ہو" درندے نے اس سے کہا
and the Beast spoke in a terrible voice
اور حیوان خوفناک آواز میں بولا۔
"I have saved your life by allowing you into my castle"
"میں نے تمہیں اپنے محل میں جانے کی اجازت دے کر تمہاری جان بچائی ہے"
"and for this you steal my roses in return?"
"اور اس کے بدلے میں تم میرے گلاب چراتے ہو؟"
"The roses which I value beyond anything"
"وہ گلاب جن کی میں کسی بھی چیز سے بڑھ کر قدر کرتا ہوں"
"but you shall die for what you've done"
"لیکن تم اپنے کیے کے لیے مر جاؤ گے"
"I give you but a quarter of an hour to prepare yourself"
"میں آپ کو صرف ایک گھنٹے کا وقت دیتا ہوں اپنے آپ کو تیار کرنے کے لیے"
"get yourself ready for death and say your prayers"
"موت کے لیے تیار ہو جاؤ اور نماز پڑھو"
the merchant fell on his knees
سوداگر گھٹنوں کے بل گر گیا۔
and he lifted up both his hands
اور اس نے اپنے دونوں ہاتھ اٹھا لیے

"My lord, I beseech you to forgive me"
"میرے آقا، میں آپ سے التجا کرتا ہوں کہ مجھے معاف کر دیں "
"I had no intention of offending you"
"میرا آپ کو ناراض کرنے کا کوئی ارادہ نہیں تھا "
"I gathered a rose for one of my daughters"
"میں نے اپنی بیٹیوں میں سے ایک کے لیے گلاب جمع کیا "
"she asked me to bring her a rose"
"اس نے مجھ سے گلاب لانے کو کہا "
"I am not your lord, but I am a Beast," replied the monster
"میں تمہارا رب نہیں ہوں، لیکن میں ایک حیوان ہوں، "عفریت نے جواب دیا۔

"I don't love compliments"
"مجھے تعریف پسند نہیں "
"I like people who speak as they think"
"مجھے وہ لوگ پسند ہیں جو اپنی سوچ کے مطابق بولتے ہیں "
"do not imagine I can be moved by flattery"
"یہ تصور نہ کریں کہ میں چاپلوسی سے متاثر ہو سکتا ہوں "
"But you say you have got daughters"
"لیکن تم کہتے ہو کہ تمہاری بیٹیاں ہیں "
"I will forgive you on one condition"
"میں تمہیں ایک شرط پر معاف کر دوں گا "
"one of your daughters must come to my palace willingly"
"تمہاری بیٹیوں میں سے ایک خوشی سے میرے محل میں آئے "
"and she must suffer for you"
"اور اسے تمہارے لیے تکلیف اٹھانی پڑے گی "
"Let me have your word"
"مجھے آپ کی بات کرنے دو "
"and then you can go about your business"
"اور پھر آپ اپنے کاروبار کے بارے میں جا سکتے ہیں "
"Promise me this:"
"مجھ سے یہ وعدہ کرو ":
"if your daughter refuses to die for you, you must return within three months"
"اگر آپ کی بیٹی آپ کے لیے مرنے سے انکار کرتی ہے تو آپ کو تین ماہ کے اندر واپس آنا چاہیے "
the merchant had no intentions to sacrifice his daughters

تاجر کا اپنی بیٹیوں کو قربان کرنے کا کوئی ارادہ نہیں تھا۔

but, since he was given time, he wanted to see his daughters once more

لیکن، چونکہ اسے وقت دیا گیا تھا، وہ اپنی بیٹیوں کو ایک بار پھر دیکھنا چاہتا تھا۔

so he promised he would return

تو اس نے وعدہ کیا کہ وہ واپس آئے گا۔

and the Beast told him he might set out when he pleased

اور جانور نے اس سے کہا کہ جب وہ چاہے نکل سکتا ہے۔

and the Beast told him one more thing

اور جانور نے اسے ایک اور بات بتائی

"you shall not depart empty handed"

"آپ خالی ہاتھ نہیں جائیں گے "

"go back to the room where you lay"

"اس کمرے میں واپس جائیں جہاں آپ لیٹے ہیں "

"you will see a great empty treasure chest"

"آپ کو ایک بہت بڑا خالی خزانہ نظر آئے گا "

"fill the treasure chest with whatever you like best"

"خزانے کے سینے کو اس چیز سے بھریں جو آپ کو بہترین لگے "

"and I will send the treasure chest to your home"

"اور میں خزانے کو آپ کے گھر بھیج دوں گا "

and at the same time the Beast withdrew

اور اسی وقت جانور پیچھے ہٹ گیا۔

"Well," said the good man to himself

"اچھا "اچھے آدمی نے اپنے آپ سے کہا

"if I must die, I shall at least leave something to my children"

"اگر مجھے مرنا ہے تو میں کم از کم اپنے بچوں کے لیے کچھ چھوڑ جاؤں گا "

so he returned to the bedchamber

تو وہ بیڈ چیمبر میں واپس آیا

and he found a great many pieces of gold

اور اسے سونے کے بہت سے ٹکڑے ملے

he filled the treasure chest the Beast had mentioned

اس نے خزانے کے سینے کو بھر دیا جس کا ذکر حیوان نے کیا تھا۔

and he took his horse out of the stable

اور اس نے اپنا گھوڑا اصطبل سے باہر نکالا۔
the joy he felt when entering the palace was now equal to the grief he felt leaving it
محل میں داخل ہوتے ہوئے اس نے جو خوشی محسوس کی تھی وہ اب اس غم کے برابر تھی جو اس نے اسے چھوڑتے ہوئے محسوس کی تھی۔
the horse took one of the roads of the forest
گھوڑے نے جنگل کی ایک سڑک پکڑ لی
and in a few hours the good man was home
اور چند گھنٹوں میں اچھا آدمی گھر پہنچ گیا۔
his children came to him
اس کے بچے اس کے پاس آئے
but instead of receiving their embraces with pleasure, he looked at them
لیکن خوشی سے ان کے گلے ملنے کے بجائے اس نے ان کی طرف دیکھا
he held up the branch he had in his hands
اس نے اپنے ہاتھ میں جو شاخ تھی اسے تھام لیا۔
and then he burst into tears
اور پھر وہ رو پڑا
"Beauty," he said, "please take these roses"
"خوبصورتی، "اس نے کہا،" براہ کرم یہ گلاب لے لو "
"you can't know how costly these roses have been"
"آپ نہیں جان سکتے کہ یہ گلاب کتنے مہنگے ہیں "
"these roses have cost your father his life"
"ان گلابوں نے تمہارے باپ کی جان گنوا دی ہے "
and then he told of his fatal adventure
اور پھر اس نے اپنے مہلک ایڈونچر کے بارے میں بتایا
immediately the two eldest sisters cried out
فوراً ہی دونوں بڑی بہنیں پکار اٹھیں۔
and they said many mean things to their beautiful sister
اور انہوں نے اپنی خوبصورت بہن سے بہت سی باتیں کہیں۔
but Beauty did not cry at all
لیکن خوبصورتی بالکل نہیں روئی
"Look at the pride of that little wretch," said they
انہوں نے کہا،" اس ننھے مکار کا غرور دیکھو۔ "

"she did not ask for fine clothes"
"اس نے اچھے کپڑے نہیں مانگے "

"she should have done what we did"
"اسے وہی کرنا چاہیے تھا جو ہم نے کیا "

"she wanted to distinguish herself"
"وہ خود کو ممتاز کرنا چاہتی تھی "

"so now she will be the death of our father"
"تو اب وہ ہمارے باپ کی موت ہو گی "

"and yet she does not shed a tear"
"اور پھر بھی وہ ایک آنسو نہیں بہاتی "

"Why should I cry?" answered Beauty
"میں کیوں روؤں؟" خوبصورتی نے جواب دیا۔

"crying would be very needless"
"رونا بہت بے مقصد ہوگا "

"my father will not suffer for me"
"میرے والد میرے لیے تکلیف نہیں اٹھائیں گے "۔

"the monster will accept of one of his daughters"
"عفریت اپنی بیٹیوں میں سے ایک کو قبول کرے گا "

"I will offer myself up to all his fury"
"میں اپنے آپ کو اس کے تمام غصے کے سامنے پیش کروں گا "

"I am very happy, because my death will save my father's life"
"میں بہت خوش ہوں، کیونکہ میری موت سے میرے والد کی جان بچ جائے گی "

"my death will be a proof of my love"
"میری موت میری محبت کا ثبوت ہو گی "

"No, sister," said her three brothers
"نہیں بہن،" اس کے تین بھائیوں نے کہا

"that shall not be"
"ایسا نہیں ہوگا "

"we will go find the monster"
"ہم عفریت کو ڈھونڈیں گے "

"and either we will kill him..."
"اور یا تو ہم اسے مار ڈالیں گے "...

"... or we will perish in the attempt"
"یا ہم کوشش میں ہلاک ہو جائیں گے ''

- 15 -

"Do not imagine any such thing, my sons," said the merchant
"بیٹو، ایسی کسی چیز کا تصور نہ کرو، "سوداگر نے کہا
"the Beast's power is so great that I have no hope you could overcome him"
"حیوان کی طاقت اتنی عظیم ہے کہ مجھے امید نہیں ہے کہ آپ اس پر قابو پا سکتے ہیں "

"I am charmed with Beauty's kind and generous offer"
"میں خوبصورتی کی مہربان اور فراخ پیشکش سے متاثر ہوں "
"but I cannot accept to her generosity"
"لیکن میں اس کی سخاوت کو قبول نہیں کر سکتا "
"I am old, and I don't have long to live"
"میں بوڑھا ہو گیا ہوں، اور میرے پاس زیادہ جینے کی ضرورت نہیں ہے "
"so I can only loose a few years"
"لہذا میں صرف چند سال کھو سکتا ہوں "
"time which I regret for you, my dear children"
"وہ وقت جس کا مجھے آپ کے لیے افسوس ہے، میرے پیارے بچو "
"But father," said Beauty
"لیکن ابا،" خوبصورتی نے کہا
"you shall not go to the palace without me"
"تم میرے بغیر محل نہیں جاو گے"
"you cannot stop me from following you"
"آپ مجھے اپنے پیچھے چلنے سے نہیں روک سکتے "
nothing could convince Beauty otherwise
کچھ بھی دوسری صورت میں خوبصورتی کو قائل نہیں کر سکتا
she insisted on going to the fine palace
اس نے عمدہ محل جانے پر اصرار کیا۔
and her sisters were delighted at her insistence
اور اس کی بہنیں اس کے اصرار پر خوش ہوئیں
The merchant was worried at the thought of losing his daughter
سوداگر اپنی بیٹی کو کھونے کا سوچ کر پریشان تھا۔
he was so worried that he had forgotten about the chest full of gold
وہ اتنا پریشان تھا کہ سونے سے بھرے سینے کو بھول گیا تھا۔
at night he retired to rest, and he shut his chamber door

رات کو وہ آرام کرنے کے لیے ریٹائر ہوا، اور اس نے اپنے کمرے کا دروازہ بند کر دیا۔

then, to his great astonishment, he found the treasure by his bedside
پھر، اس کی بڑی حیرانی، اس نے خزانہ اپنے پلنگ کے پاس پایا

he was determined not to tell his children
اس نے اپنے بچوں کو نہ بتانے کا تہیہ کر رکھا تھا۔

if they knew, they would have wanted to return to town
اگر وہ جانتے تو وہ شہر واپس جانا چاہتے

and he was resolved not to leave the countryside
اور اس نے دیہی علاقوں کو نہ چھوڑنے کا عزم کیا۔

but he trusted Beauty with the secret
لیکن اس نے راز کے ساتھ خوبصورتی پر بھروسہ کیا۔

she informed him that two gentlemen had came
اس نے اسے اطلاع دی کہ دو حضرات آئے ہیں۔

and they made proposals to her sisters
اور انہوں نے اس کی بہنوں کو تجویز پیش کی۔

she begged her father to consent to their marriage
اس نے اپنے والد سے ان کی شادی کے لیے رضامندی کی درخواست کی۔

and she asked him to give them some of his fortune
اور اس نے اس سے کہا کہ وہ انہیں اپنی خوش قسمتی میں سے کچھ دے دے۔

she had already forgiven them
وہ انہیں پہلے ہی معاف کر چکی تھی۔

the wicked creatures rubbed their eyes with onions
شریروں نے اپنی آنکھیں پیاز سے رگڑیں۔

to force some tears when they parted with their sister
جب وہ اپنی بہن سے جدا ہوئے تو کچھ آنسو بہانے کے لیے

but her brothers really were concerned
لیکن اس کے بھائی واقعی فکر مند تھے۔

Beauty was the only one who did not shed any tears
خوبصورتی صرف وہی تھی جس نے کوئی آنسو نہیں بہایا

she did not want to increase their uneasiness
وہ ان کی بے چینی میں اضافہ نہیں کرنا چاہتی تھی۔

the horse took the direct road to the palace

گھوڑے نے محل کی سیدھی سڑک لی
and towards evening they saw the illuminated palace
اور شام کو انہوں نے روشن محل دیکھا
the horse took himself into the stable again
گھوڑے نے خود کو دوبارہ اصطبل میں لے لیا۔
and the good man and his daughter went into the great hall
اور نیک آدمی اور اس کی بیٹی عظیم ہال میں چلے گئے۔
here they found a table splendidly served up
یہاں انہیں ایک میز شاندار طریقے سے پیش کی گئی ہے۔
the merchant had no appetite to eat
سوداگر کو کھانے کی بھوک نہیں تھی۔
but Beauty endeavoured to appear cheerful
لیکن خوبصورتی نے خوش نظر آنے کی کوشش کی۔
she sat down at the table and helped her father
وہ میز پر بیٹھ گئی اور اپنے باپ کی مدد کی۔
but she also thought to herself:
لیکن اس نے خود سے بھی سوچا :
"Beast surely wants to fatten me before he eats me"
"درندہ ضرور مجھے کھانے سے پہلے موٹا کرنا چاہتا ہے "
"that is why he provides such plentiful entertainment"
"اسی لیے وہ اتنی بھرپور تفریح فراہم کرتا ہے"
after they had eaten they heard a great noise
کھانے کے بعد انہوں نے ایک بڑا شور سنا
and the merchant bid his unfortunate child farewell, with tears in his eyes
اور تاجر نے آنکھوں میں آنسو لیے اپنے بدقسمت بچے کو الوداع کیا۔
because he knew the Beast was coming
کیونکہ وہ جانتا تھا کہ حیوان آنے والا ہے۔
Beauty was terrified at his horrid form
خوبصورتی اس کی بھیانک شکل سے گھبرا گئی تھی۔
but she took courage as well as she could
لیکن وہ جتنی ہمت کر سکتی تھی۔
and the monster asked her if she came willingly
اور عفریت نے اس سے پوچھا کہ کیا وہ اپنی مرضی سے آئی ہے؟
"yes, I have come willingly," she said trembling
"ہاں، میں اپنی مرضی سے آئی ہوں۔ "وہ کانپتے ہوئے بولی۔

the Beast responded, "You are very good"

جانور نے جواب دیا" تم بہت اچھے ہو "

"and I am greatly obliged to you; honest man"

"اور میں آپ کا بہت پابند ہوں؛ ایماندار آدمی "

"go your ways tomorrow morning"

"کل صبح اپنے راستے پر جاؤ "

"but never think of coming here again"

"لیکن پھر کبھی یہاں آنے کا نہ سوچنا "

"Farewell Beauty, farewell Beast," he answered

"الوداعی خوبصورتی، الوداعی جانور، "اس نے جواب دیا۔

and immediately the monster withdrew

اور عفریت فوراً پیچھے ہٹ گیا۔

"Oh, daughter," said the merchant

''اوہ بیٹی، ''سوداگر نے کہا

and he embraced his daughter once more

اور اس نے ایک بار پھر اپنی بیٹی کو گلے لگایا

"I am almost frightened to death"

"میں موت سے تقریباً خوفزدہ ہوں "

"believe me, you had better go back"

"مجھ پر یقین کرو، آپ کو واپس جانا بہتر تھا "

"let me stay here, instead of you"

"آپ کی بجائے مجھے یہیں رہنے دو "

"No, father," said Beauty, in a resolute tone

''نہیں ابا، ''خوبصورتی نے پر عزم لہجے میں کہا

"you shall set out tomorrow morning"

"آپ کل صبح روانہ ہو جائیں گے "

"leave me to the care and protection of providence"

"مجھے پرووڈنس کی دیکھ بھال اور تحفظ پر چھوڑ دو "

nonetheless they went to bed

اس کے باوجود وہ بستر پر چلے گئے

they thought they would not close their eyes all night

ان کا خیال تھا کہ وہ ساری رات آنکھیں بند نہیں کریں گے۔

but just as they lay down they slept

لیکن جیسے ہی وہ لیٹ گئے وہ سو گئے۔

Beauty dreamed a fine lady came and said to her:

خوبصورتی نے خواب میں دیکھا کہ ایک حسین عورت آئی اور اس

سے کہنے لگی :

"I am content, Beauty, with your good will"

"میں مطمئن ہوں، خوبصورتی، آپ کی مرضی سے "

"this good action of yours shall not go unrewarded"

"تمہارا یہ نیک عمل بے نتیجہ نہیں جائے گا "

Beauty waked and told her father her dream

خوبصورتی بیدار ہوئی اور اپنے والد کو اپنا خواب سنایا

the dream helped to comfort him a little

خواب نے اسے تھوڑا سا تسلی دینے میں مدد کی۔

but he could not help crying bitterly as he was leaving

لیکن جب وہ جا رہا تھا تو وہ بلک بلک کر رونے میں مدد نہیں کر سکا

as soon as he was gone, Beauty sat down in the great hall and cried too

جیسے ہی وہ چلا گیا، خوبصورتی بھی بڑے ہال میں بیٹھ گئی اور رونے لگی

but she resolved not to be uneasy

لیکن اس نے پریشان نہ ہونے کا عزم کیا۔

she decided to be strong for the little time she had left to live

اس نے اس تھوڑے وقت کے لیے مضبوط ہونے کا فیصلہ کیا جو اس نے جینے کے لیے چھوڑا تھا۔

because she firmly believed the Beast would eat her

کیونکہ اسے پختہ یقین تھا کہ درندہ اسے کھا جائے گا۔

however, she thought she might as well explore the palace

تاہم، اس نے سوچا کہ وہ محل کو بھی تلاش کر سکتی ہے۔

and she wanted to view the fine castle

اور وہ عمدہ قلعہ دیکھنا چاہتی تھی۔

a castle which she could not help admiring

ایک محل جس کی تعریف کرنے میں وہ مدد نہیں کر سکتی تھی۔

it was a delightfully pleasant palace

یہ ایک خوشگوار خوشگوار محل تھا۔

and she was extremely surprised at seeing a door

اور وہ ایک دروازہ دیکھ کر بہت حیران ہوئی۔

and over the door was written that it was her room

اور دروازے پر لکھا تھا کہ یہ اس کا کمرہ ہے۔

she opened the door hastily

اس نے جلدی سے دروازہ کھولا۔

and she was quite dazzled with the magnificence of the room
اور وہ کمرے کی شان و شوکت سے کافی حیران تھی۔

what chiefly took up her attention was a large library
جس چیز نے بنیادی طور پر اس کی توجہ حاصل کی وہ ایک بڑی لائبریری تھی۔

a harpsichord and several music books
ایک ہارپسیکورڈ اور موسیقی کی کئی کتابیں۔

"Well," said she to herself
"اچھا "اس نے اپنے آپ سے کہا

"I see the Beast will not let my time hang heavy"
"میں دیکھ رہا ہوں کہ درندہ میرا وقت بھاری نہیں ہونے دے گا "

then she reflected to herself about her situation
پھر اس نے اپنی صورت حال کے بارے میں سوچا۔

"If I was meant to stay a day all this would not be here"
"اگر میں ایک دن ٹھہرنا چاہتا تو یہ سب یہاں نہ ہوتا "

this consideration inspired her with fresh courage
اس غور و فکر نے اسے تازہ ہمت سے متاثر کیا۔

and she took a book from her new library
اور اس نے اپنی نئی لائبریری سے ایک کتاب لی

and she read these words in golden letters:
اور اس نے یہ الفاظ سنہری حروف میں پڑھے :

"Welcome Beauty, banish fear"
"خوبصورتی کو خوش آمدید، خوف کو دور کریں "

"You are queen and mistress here"
"آپ یہاں ملکہ اور مالکن ہیں "۔

"Speak your wishes, speak your will"
"اپنی مرضی بولو، اپنی مرضی بولو "

"Swift obedience meets your wishes here"
"تیز فرمانبرداری یہاں آپ کی خواہشات کو پورا کرتی ہے "

"Alas," said she, with a sigh
"افسوس "اس نے ایک آہ بھرتے ہوئے کہا

"Most of all I wish to see my poor father"
"سب سے زیادہ میں اپنے غریب والد کو دیکھنا چاہتا ہوں "

"and I would like to know what he is doing"
"اور میں جاننا چاہوں گا کہ وہ کیا کر رہا ہے "

As soon as she had said this she noticed the mirror
یہ کہتے ہی اس کی نظر آئینے پر پڑی۔
to her great amazement she saw her own home in the mirror
حیرت سے اس نے آئینے میں اپنا گھر دیکھا
her father arrived emotionally exhausted
اس کے والد جذباتی طور پر تھکے ہوئے پہنچے
her sisters went to meet him
اس کی بہنیں اس سے ملنے گئیں۔
despite their attempts to appear sorrowful, their joy was visible
غمگین ظاہر ہونے کی کوشش کے باوجود ان کی خوشی نظر آ رہی تھی۔
a moment later everything disappeared
ایک لمحے کے بعد سب کچھ غائب ہو گیا
and Beauty's apprehensions disappeared too
اور خوبصورتی کے خدشات بھی ختم ہو گئے۔
for she knew she could trust the Beast
کیونکہ وہ جانتی تھی کہ وہ اس جانور پر بھروسہ کر سکتی ہے۔
At noon she found dinner ready
دوپہر کو اسے رات کا کھانا تیار پایا
she sat herself down at the table
وہ خود میز پر بیٹھ گیا
and she was entertained with a concert of music
اور وہ موسیقی کے کنسرٹ سے محظوظ ہوئی تھی۔
although she couldn't see anybody
حالانکہ وہ کسی کو نہیں دیکھ سکتی تھی۔
at night she sat down for supper again
رات کو وہ دوبارہ کھانے کے لیے بیٹھ گئی۔
this time she heard the noise the Beast made
اس بار اس نے جانور کی آواز سنی
and she could not help being terrified
اور وہ خوفزدہ ہو کر مدد نہیں کر سکتی تھی۔
"Beauty," said the monster
"خوبصورتی، "عفریت نے کہا
"do you allow me to eat with you?"
"کیا تم مجھے اپنے ساتھ کھانے کی اجازت دیتے ہو؟"

"do as you please," Beauty answered trembling
"جو مرضی کرو "خوبصورتی نے کانپتے ہوئے جواب دیا۔
"No," replied the Beast
"نہیں، "جانور نے جواب دیا
"you alone are mistress here"
"یہاں تم اکیلی مالکن ہو "
"you can send me away if I'm troublesome"
"اگر میں پریشان ہوں تو آپ مجھے بھیج سکتے ہیں "
"send me away and I will immediately withdraw"
"مجھے بھیج دو میں فوراً واپس چلا جاؤں گا "
"But, tell me; do you not think I am very ugly?"
"لیکن، بتاؤ، کیا تمہیں نہیں لگتا کہ میں بہت بدصورت ہوں؟ "
"That is true," said Beauty
''یہ سچ ہے، ''خوبصورتی نے کہا
"I cannot tell a lie"
"میں جھوٹ نہیں بول سکتا "
"but I believe you are very good natured"
"لیکن مجھے یقین ہے کہ تم بہت اچھی طبیعت کے ہو "
"I am indeed," said the monster
"میں واقعی ہوں، "عفریت نے کہا
"But apart from my ugliness, I also have no sense"
"لیکن میری بدصورتی کے علاوہ مجھے کوئی عقل بھی نہیں ہے "
"I know very well that I am a silly creature"
"میں اچھی طرح جانتا ہوں کہ میں ایک پاگل مخلوق ہوں "
"It is no sign of folly to think so," replied Beauty
''ایسا سوچنا حماقت کی علامت نہیں ہے، ''خوبصورتی نے جواب دیا۔
"Eat then, Beauty," said the monster
"پھر کھاؤ، خوبصورتی، "عفریت نے کہا
"try to amuse yourself in your palace"
"اپنے محل میں اپنے آپ کو تفریح کرنے کی کوشش کریں "
"everything here is yours"
"یہاں سب کچھ تمہارا ہے "
"and I would be very uneasy if you were not happy"
"اور اگر آپ خوش نہ ہوں تو میں بہت پریشان ہوں گا "
"You are very obliging," answered Beauty
خوبصورتی نے جواب دیا" آپ بہت پابند ہیں "

"I admit I am pleased with your kindness"
"میں تسلیم کرتا ہوں کہ میں آپ کی مہربانی سے خوش ہوں"
"and when I consider your kindness, I hardly notice your deformities"
"اور جب میں آپ کی مہربانیوں پر غور کرتا ہوں تو مجھے آپ کی خرابیوں پر نظر نہیں آتی"
"Yes, yes," said the Beast, "my heart is good
ہاں، ہاں، "جانور نے کہا،" میرا دل اچھا ہے۔
"but although I am good, I am still a monster"
"لیکن اگرچہ میں اچھا ہوں، میں اب بھی ایک عفریت ہوں"
"There are many men that deserve that name more than you"
"بہت سے مرد ہیں جو اس نام کے تم سے زیادہ مستحق ہیں"
"and I prefer you just as you are"
"اور میں تمہیں ویسے ہی ترجیح دیتا ہوں جیسے تم ہو"
"and I prefer you more than those who hide an ungrateful heart"
"اور میں تمہیں ناشکرے دل کو چھپانے والوں سے زیادہ پسند کرتا ہوں"
"if only I had some sense," replied the Beast
"کاش میں کچھ سمجھ پاتا" جانور نے جواب دیا۔
"if I had sense I would make a fine compliment to thank you"
"اگر مجھے احساس ہوتا تو میں آپ کا شکریہ ادا کرنے کے لیے اچھی تعریف کروں گا"
"but I am so dull"
"لیکن میں بہت بیوقوف ہوں"
"I can only say I am greatly obliged to you"
"میں صرف اتنا کہہ سکتا ہوں کہ میں آپ کا بہت پابند ہوں"
Beauty ate a hearty supper
خوبصورتی نے ایک دلکش رات کا کھانا کھایا
and she had almost conquered her dread of the monster
اور اس نے عفریت سے اپنے خوف پر تقریباً فتح حاصل کر لی تھی۔
but she wanted to faint when the Beast asked her the next question
لیکن وہ بیہوش ہو جانا چاہتی تھی جب درندے نے اس سے اگلا سوال پوچھا

"Beauty, will you be my wife?"
"خوبصورتی، کیا تم میری بیوی بنو گی؟ "
she took some time before she could answer
اس نے کچھ وقت لیا اس سے پہلے کہ وہ جواب دے سکے۔
because she was afraid of making him angry
کیونکہ وہ اسے ناراض کرنے سے ڈرتی تھی۔
at last, however, she said "no, Beast"
تاہم، آخر میں، اس نے کہا" نہیں، جانور "
immediately the poor monster hissed very frightfully
فوراً ہی غریب عفریت نے بہت خوفناک انداز میں کہا
and the whole palace echoed
اور پورا محل گونج اٹھا
but Beauty soon recovered from her fright
لیکن خوبصورتی جلد ہی اس کے خوف سے نکل گئی۔
because Beast spoke again in a mournful voice
کیونکہ جانور نے ایک بار پھر ماتمی آواز میں کہا
"then farewell, Beauty"
"پھر الوداع، خوبصورتی "
and he only turned back now and then
اور وہ صرف اب اور پھر واپس مڑ گیا۔
to look at her as he went out
جب وہ باہر گیا تو اسے دیکھنے کے لیے
now Beauty was alone again
اب خوبصورتی پھر اکیلی تھی۔
she felt a great deal of compassion
اس نے بہت ہمدردی محسوس کی۔
"Alas, it is a thousand pities"
"افسوس، یہ ہزار افسوس ہے "
"anything so good natured should not be so ugly"
"کوئی بھی چیز اتنی اچھی طبیعت کی اتنی بدصورت نہیں ہونی چاہیے "
Beauty spent three months very contentedly in the palace
خوبصورتی نے محل میں تین مہینے بہت اطمینان سے گزارے۔
every evening the Beast paid her a visit
ہر شام حیوان اسے ملنے جاتا تھا۔
and they talked during supper
اور وہ رات کے کھانے کے دوران بات کرتے تھے۔

they talked with common sense

انہوں نے عقل سے بات کی۔

but they didn't talk with what people call wittiness

لیکن انہوں نے اس کے ساتھ بات نہیں کی جسے لوگ گواہی کہتے ہیں۔

Beauty always discovered some valuable character in the Beast

خوبصورتی نے ہمیشہ حیوان میں کچھ قیمتی کردار تلاش کیا۔

and she had gotten used to his deformity

اور وہ اس کی خرابی کی عادی ہو چکی تھی۔

she didn't dread the time of his visit anymore

وہ اب اس کے دورے کے وقت سے خوفزدہ نہیں تھی۔

now she often looked at her watch

اب وہ اکثر اپنی گھڑی کو دیکھتی تھی۔

and she couldn't wait for it to be nine o'clock

اور وہ نو بجنے کا انتظار نہیں کر سکتی تھی۔

because the Beast never missed coming at that hour

کیونکہ حیوان نے کبھی بھی اس وقت آنا نہیں چھوڑا تھا۔

there was only one thing that concerned Beauty

صرف ایک چیز تھی جو خوبصورتی سے متعلق تھی۔

every night before she went to bed the Beast asked her the same question

ہر رات سونے سے پہلے درندے نے اس سے یہی سوال کیا۔

the monster asked her if she would be his wife

عفریت نے اس سے پوچھا کہ کیا وہ اس کی بیوی ہوگی؟

one day she said to him, "Beast, you make me very uneasy"

ایک دن اس نے اس سے کہا، "جانور، تم مجھے بہت پریشان کرتے ہو "

"I wish I could consent to marry you"

"کاش میں تم سے شادی کے لیے راضی ہو جاؤں "

"but I am too sincere to make you believe I would marry you"

"لیکن میں آپ کو یقین دلانے کے لیے بہت مخلص ہوں کہ میں آپ سے شادی کروں گا "

"our marriage will never happen"

"ہماری شادی کبھی نہیں ہوگی "

"I shall always see you as a friend"

"میں تمہیں ہمیشہ ایک دوست کے طور پر دیکھوں گا "

"please try to be satisfied with this"
"براہ کرم اس سے مطمئن ہونے کی کوشش کریں "
"I must be satisfied with this," said the Beast
"مجھے اس سے مطمئن ہونا چاہیے، "جانور نے کہا
"I know my own misfortune"
"میں اپنی بدقسمتی جانتا ہوں "
"but I love you with the tenderest affection"
"لیکن میں تم سے سب سے زیادہ پیار سے پیار کرتا ہوں "
"However, I ought to consider myself as happy"
"تاہم، مجھے خود کو خوش سمجھنا چاہیے "
"and I should be happy that you will stay here"
"اور مجھے خوش ہونا چاہیے کہ تم یہیں رہو گے۔ "
"promise me never to leave me"
"مجھ سے وعدہ کرو کہ مجھے کبھی نہیں چھوڑوں گا "
Beauty blushed at these words
خوبصورتی ان الفاظ پر شرما گئی۔
one day Beauty was looking in her mirror
ایک دن خوبصورتی اپنے آئینے میں دیکھ رہی تھی۔
her father had worried himself sick for her
اس کے والد نے اس کے لیے خود کو بیمار کرنے کی فکر کی تھی۔
she longed to see him again more than ever
وہ اسے پہلے سے کہیں زیادہ دوبارہ دیکھنے کی خواہش رکھتی تھی۔
"I could promise never to leave you entirely"
"میں وعدہ کر سکتا ہوں کہ آپ کو کبھی نہیں چھوڑوں گا "
"but I have so great a desire to see my father"
"لیکن مجھے اپنے والد سے ملنے کی بہت خواہش ہے "
"I would be impossibly upset if you say no"
"اگر آپ نہیں کہتے تو میں ناممکن طور پر پریشان ہو جاؤں گا "
"I had rather die myself," said the monster
عفریت نے کہا،'' میں خود مرنا چاہتا تھا۔
"I would rather die than make you feel uneasiness"
"میں تمہیں بے چینی محسوس کرنے کے بجائے مرنا پسند کروں گا "
"I will send you to your father"
"میں تمہیں تمہارے باپ کے پاس بھیج دوں گا "
"you shall remain with him"
"تم اس کے ساتھ رہو گے "

"and this unfortunate Beast will die with grief instead"

"اور یہ بدقسمت درندہ اس کے بجائے غم سے مر جائے گا "

"No," said Beauty, weeping

نہیں "خوبصورتی نے روتے ہوئے کہا

"I love you too much to be the cause of your death"

"میں تم سے اتنی محبت کرتا ہوں کہ تمہاری موت کا سبب بنوں "

"I give you my promise to return in a week"

"میں تمہیں ایک ہفتے میں واپس آنے کا وعدہ کرتا ہوں "

"You have shown me that my sisters are married"

"تم نے مجھے دکھایا کہ میری بہنیں شادی شدہ ہیں "

"and my brothers have gone to the army"

"اور میرے بھائی فوج میں گئے ہیں "

"let me stay a week with my father, as he is alone"

"مجھے اپنے والد کے ساتھ ایک ہفتہ رہنے دو، کیونکہ وہ اکیلے ہیں "

"You shall be there tomorrow morning," said the Beast

"تم کل صبح وہاں ہو، "جانور نے کہا

"but remember your promise"

"لیکن اپنا وعدہ یاد رکھنا "

"You need only lay your ring on a table before you go to bed"

"آپ کو سونے سے پہلے صرف اپنی انگوٹھی میز پر رکھنا ہے "

"and then you will be brought back before the morning"

"اور پھر تمہیں صبح سے پہلے واپس لایا جائے گا "

"Farewell dear Beauty," sighed the Beast

"الوداعی پیاری خوبصورتی، "جانور نے آہ بھری۔

Beauty went to bed very sad that night

خوبصورتی اس رات بہت اداس بستر پر چلی گئی۔

because she didn't want to see Beast so worried

کیونکہ وہ جانور کو اتنا پریشان نہیں دیکھنا چاہتی تھی۔

the next morning she found herself at her father's home

اگلی صبح اس نے خود کو اپنے والد کے گھر پایا

she rung a little bell by her bedside

اس نے اپنے پلنگ کے پاس ایک چھوٹی گھنٹی بجائی

and the maid gave a loud shriek

اور نوکرانی نے ایک زوردار چیخ ماری۔

and her father ran upstairs

اور اس کا باپ اوپر بھاگا۔

he thought he was going to die with joy

اس نے سوچا کہ وہ خوشی سے مرنے والا ہے۔

he held her in his arms for quarter of an hour

اس نے چوتھائی گھنٹے تک اسے اپنی بانہوں میں پکڑے رکھا

eventually the first greetings were over

آخرکار پہلا سلام ختم ہوا۔

Beauty began to think of getting out of bed

خوبصورتی بستر سے اٹھنے کا سوچنے لگی

but she realized she had brought no clothes

لیکن اسے احساس ہوا کہ وہ کپڑے نہیں لائی تھی۔

but the maid told her she had found a box

لیکن نوکرانی نے اسے بتایا کہ اسے ایک ڈبہ ملا ہے۔

the large trunk was full of gowns and dresses

بڑا ٹرنک گاؤن اور لباس سے بھرا ہوا تھا۔

each gown was covered with gold and diamonds

ہر گاؤن سونے اور ہیروں سے ڈھکا ہوا تھا۔

Beauty thanked Beast for his kind care

خوبصورتی نے اپنی قسم کی دیکھ بھال کے لئے جانور کا شکریہ ادا کیا۔

and she took one of the plainest of the dresses

اور اس نے سادہ ترین لباس میں سے ایک لے لیا۔

she intended to give the other dresses to her sisters

اس نے دوسرے کپڑے اپنی بہنوں کو دینے کا ارادہ کیا۔

but at that thought the chest of clothes disappeared

لیکن یہ سوچتے ہی کپڑوں کا سینہ غائب ہو گیا۔

Beast had insisted the clothes were for her only

جانور نے اصرار کیا تھا کہ کپڑے صرف اس کے لیے ہیں۔

her father told her that this was the case

اس کے والد نے اسے بتایا کہ یہ معاملہ تھا۔

and immediately the trunk of clothes came back again

اور فوراً ہی کپڑوں کا ٹرنک دوبارہ واپس آ گیا۔

Beauty dressed herself with her new clothes

خوبصورتی نے خود کو اپنے نئے کپڑوں سے سجایا

and in the meantime maids went to find her sisters

اور اس دوران لونڈیاں اپنی بہنوں کو ڈھونڈنے چلی گئیں۔

both her sister were with their husbands
اس کی دونوں بہنیں اپنے شوہروں کے ساتھ تھیں۔

but both her sisters were very unhappy
لیکن اس کی دونوں بہنیں بہت ناخوش تھیں۔

her eldest sister had married a very handsome gentleman
اس کی سب سے بڑی بہن نے ایک بہت ہی خوبصورت شریف آدمی سے شادی کی تھی۔

but he was so fond of himself that he neglected his wife
لیکن وہ اپنے آپ کو اتنا پسند کرتا تھا کہ اس نے اپنی بیوی کو نظر انداز کیا۔

her second sister had married a witty man
اس کی دوسری بہن نے ایک ذہین آدمی سے شادی کی تھی۔

but he used his wittiness to torment people
لیکن اس نے لوگوں کو اذیت دینے کے لیے اپنی گواہی کا استعمال کیا۔

and he tormented his wife most of all
اور اس نے اپنی بیوی کو سب سے زیادہ اذیت دی۔

Beauty's sisters saw her dressed like a princess
خوبصورتی کی بہنوں نے اسے شہزادی کی طرح ملبوس دیکھا

and they were sickened with envy
اور وہ حسد سے بیمار تھے۔

now she was more beautiful than ever
اب وہ پہلے سے زیادہ خوبصورت تھی۔

her affectionate behaviour could not stifle their jealousy
اس کا پیار بھرا رویہ ان کے حسد کو ختم نہ کر سکا

she told them how happy she was with the Beast
اس نے انہیں بتایا کہ وہ اس جانور سے کتنی خوش ہے۔

and their jealousy was ready to burst
اور ان کی حسد پھٹنے کو تیار تھی۔

They went down into the garden to cry about their misfortune
وہ اپنی بدقسمتی پر رونے کے لیے باغ میں اتر گئے۔

"In what way is this little creature better than us?"
"یہ چھوٹی مخلوق ہم سے کس لحاظ سے بہتر ہے؟"

"Why should she be so much happier?"
"وہ اتنی زیادہ خوش کیوں ہو؟"

"Sister," said the older sister

"بہن،" بڑی بہن نے کہا
"a thought just struck my mind"
"میرے دماغ میں ابھی ایک خیال آیا"
"let us try to keep her here for more than a week"
"آئیے اسے ایک ہفتے سے زیادہ یہاں رکھنے کی کوشش کریں"
"perhaps this will enrage the silly monster"
"شاید یہ پاگل عفریت کو مشتعل کرے گا"
"because she would have broken her word"
"کیونکہ اس نے اپنا لفظ توڑ دیا ہوگا"
"and then he might devour her"
"اور پھر وہ اسے کھا سکتا ہے"
"that's a great idea," answered the other sister
"یہ بہت اچھا خیال ہے،" دوسری بہن نے جواب دیا۔
"we must show her as much kindness as possible"
"ہمیں اس سے زیادہ سے زیادہ مہربانی کا مظاہرہ کرنا چاہیے"
the sisters made this their resolution
بہنوں نے اس کو اپنا قرار دیا۔
and they behaved very affectionately to their sister
اور وہ اپنی بہن کے ساتھ بہت پیار سے پیش آئے
poor Beauty wept for joy from all their kindness
غریب خوبصورتی اپنی تمام مہربانیوں سے خوشی کے لیے رو پڑی۔
when the week was expired, they cried and tore their hair
جب ہفتہ ختم ہو گیا تو وہ روئے اور اپنے بال پھاڑ ڈالے۔
they seemed so sorry to part with her
وہ اس کے ساتھ الگ ہونے کے لئے بہت افسوسناک لگ رہے تھے
and Beauty promised to stay a week longer
اور خوبصورتی نے ایک ہفتہ مزید رہنے کا وعدہ کیا۔
In the meantime, Beauty could not help reflecting on herself
اس دوران، خوبصورتی خود پر غور کرنے میں مدد نہیں کر سکی
she worried what she was doing to poor Beast
وہ پریشان تھی کہ وہ غریب جانور کے ساتھ کیا کر رہی ہے۔
she know that she sincerely loved him
وہ جانتی ہے کہ وہ اس سے سچے دل سے پیار کرتی تھی۔
and she really longed to see him again
اور وہ واقعی میں اسے دوبارہ دیکھنے کی خواہشمند تھی۔
the tenth night she spent at her father's too

دسویں رات اس نے اپنے والد کے پاس بھی گزاری۔
she dreamed she was in the palace garden
اس نے خواب میں دیکھا کہ وہ محل کے باغ میں ہے۔
and she dreamt she saw the Beast extended on the grass
اور اس نے خواب میں دیکھا کہ اس جانور کو گھاس پر پھیلا ہوا ہے۔
he seemed to reproach her in a dying voice
وہ مرتی ہوئی آواز میں اسے ملامت کرتا دکھائی دیا۔
and he accused her of ingratitude
اور اس نے اس پر ناشکری کا الزام لگایا
Beauty woke up from her sleep
خوبصورتی نیند سے بیدار ہو گئی۔
and she burst into tears
اور وہ رو پڑی۔
"Am I not very wicked?"
"کیا میں بہت برا نہیں ہوں؟ "
"Was it not cruel of me to act so unkindly to the Beast?"
"کیا یہ مجھ پر ظلم نہیں تھا کہ میں اس درندے کے ساتھ اس قدر بے رحمی سے پیش آؤں؟ "
"Beast did everything to please me"
"حیوان نے مجھے خوش کرنے کے لیے سب کچھ کیا"
"Is it his fault that he is so ugly?"
"کیا اس کا قصور ہے کہ وہ اتنا بدصورت ہے ؟"
"Is it his fault that he has so little wit?"
"کیا اس کا قصور یہ ہے کہ اس کی عقل اتنی کم ہے ؟ "
"He is kind and good, and that is sufficient"
"وہ مہربان اور اچھا ہے اور یہی کافی ہے "
"Why did I refuse to marry him?"
"میں نے اس سے شادی سے انکار کیوں کیا؟ "
"I should be happy with the monster"
"مجھے راکشس سے خوش ہونا چاہئے"
"look at the husbands of my sisters"
"میری بہنوں کے شوہروں کو دیکھو "
"neither wittiness, nor a being handsome makes them good"
"نہ گواہی اور نہ ہی خوبصورت ہونا انہیں اچھا بناتا ہے "
"neither of their husbands makes them happy"
"ان کے شوہروں میں سے کوئی بھی انہیں خوش نہیں کرتا "

"but virtue, sweetness of temper, and patience"
"لیکن نیکی، مزاج کی مٹھاس، اور صبر"

"these things make a woman happy"
"یہ چیزیں عورت کو خوش کرتی ہیں"

"and the Beast has all these valuable qualities"
"اور حیوان میں یہ تمام قیمتی خصوصیات ہیں"

"it is true; I do not feel the tenderness of affection for him"
"یہ سچ ہے؛ مجھے اس کے لیے پیار کی نرمی محسوس نہیں ہوتی"

"but I find I have the highest gratitude for him"
"لیکن مجھے لگتا ہے کہ میں اس کے لئے سب سے زیادہ شکر گزار ہوں"

"and I have the highest esteem of him"
"اور میں اس کی سب سے زیادہ عزت کرتا ہوں"

"and he is my best friend"
"اور وہ میرا سب سے اچھا دوست ہے"

"I will not make him miserable"
"میں اسے دکھی نہیں کروں گا"

"If were I to be so ungrateful I would never forgive myself"
"اگر میں اتنا ہی ناشکرا ہوتا تو میں خود کو کبھی معاف نہ کرتا"

Beauty put her ring on the table
خوبصورتی نے اپنی انگوٹھی میز پر رکھ دی۔

and she went to bed again
اور وہ دوبارہ بستر پر چلا گیا

scarce was she in bed before she fell asleep
وہ سونے سے پہلے بستر پر کم ہی تھی۔

she woke up again the next morning
وہ اگلی صبح دوبارہ اٹھی۔

and she was overjoyed to find herself in the Beast's palace
اور وہ اپنے آپ کو درندے کے محل میں پا کر بہت خوش تھی۔

she put on one of her nicest dress to please him
اس نے اسے خوش کرنے کے لیے اپنا ایک بہترین لباس پہنا

and she patiently waited for evening
اور وہ صبر سے شام کا انتظار کرنے لگی

at last the wished-for hour came
آخرکار مطلوبہ گھڑی آ گئی۔

the clock struck nine, yet no Beast appeared

گھڑی کے نو بج رہے تھے، پھر بھی کوئی جانور نظر نہیں آیا

Beauty then feared she had been the cause of his death

خوبصورتی کو پھر خوف ہوا کہ وہ اس کی موت کا سبب بن گئی ہے۔

she ran crying all around the palace

وہ محل کے چاروں طرف روتی ہوئی بھاگی۔

after having sought for him everywhere, she remembered her dream

ہر جگہ اسے ڈھونڈنے کے بعد اسے اپنا خواب یاد آیا

and she ran to the canal in the garden

اور وہ باغ میں نہر کی طرف بھاگی۔

there she found poor Beast stretched out

وہاں اس نے غریب درندہ کو پھیلا ہوا پایا

and she was sure she had killed him

اور اسے یقین تھا کہ اس نے اسے مار ڈالا ہے۔

she threw herself upon him without any dread

اس نے بغیر کسی خوف کے اپنے آپ کو اس پر پھینک دیا۔

his heart was still beating

اس کا دل اب بھی دھڑک رہا تھا

she fetched some water from the canal

وہ نہر سے پانی لے کر آئی

and she poured the water on his head

اور اس نے پانی اس کے سر پر انڈیل دیا۔

the Beast opened his eyes and spoke to Beauty

جانور نے اپنی آنکھیں کھولیں اور خوبصورتی سے بات کی۔

"You forgot your promise"

"تم اپنا وعدہ بھول گئے "

"I was so heartbroken to have lost you"

"تمہیں کھو کر میرا دل بہت ٹوٹا تھا "

"I resolved to starve myself"

"میں نے خود کو بھوکا رہنے کا فیصلہ کیا "

"but I have the happiness of seeing you once more"

"لیکن مجھے آپ کو ایک بار پھر دیکھ کر خوشی ہوئی ہے "

"so I have the pleasure of dying satisfied"

"تو مجھے اطمینان سے مرنے کی خوشی ہے "

"No, dear Beast," said Beauty, "you must not die"

"نہیں، پیارے جانور، "خوبصورتی نے کہا،" تمہیں نہیں مرنا چاہیے "

"Live to be my husband"

"میرے شوہر بننے کے لیے جیو"

"from this moment I give you my hand"

"اس لمحے سے میں آپ کو اپنا ہاتھ دیتا ہوں"

"and I swear to be none but yours"

"اور میں قسم کھاتا ہوں کہ آپ کے سوا کوئی نہیں ہوں"

"Alas! I thought I had only a friendship for you"

"افسوس! میں نے سوچا کہ میری صرف تم سے دوستی ہے"

"but the grief I now feel convinces me;"

"لیکن اب میں جو غم محسوس کرتا ہوں وہ مجھے یقین دلاتا ہے۔"

"I cannot live without you"

"میں تمہارے بغیر نہیں رہ سکتا"

Beauty scarce had said these words when she saw a light

خوبصورتی قلیل نے روشنی دیکھ کر یہ الفاظ کہے تھے۔

the palace sparkled with light

محل روشنی سے جگمگا اٹھا

fireworks lit up the sky

آتش بازی نے آسمان کو جگمگا دیا۔

and the air filled with music

اور ہوا موسیقی سے بھری ہوئی تھی۔

everything gave notice of some great event

ہر چیز نے کسی عظیم واقعہ کا نوٹس دیا۔

but nothing could hold her attention

لیکن کچھ بھی اس کی توجہ نہیں روک سکا

she turned to her dear Beast

وہ اپنے پیارے جانور کی طرف متوجہ ہوئی۔

the Beast for whom she trembled with fear

وہ جانور جس کے لیے وہ خوف سے کانپ رہی تھی۔

but her surprise was great at what she saw!

لیکن جو کچھ اس نے دیکھا اس پر اس کی حیرت بہت تھی!

the Beast had disappeared

جانور غائب ہو گیا تھا

instead she saw the loveliest prince

اس کے بجائے اس نے سب سے پیارا شہزادہ دیکھا

she had put an end to the spell

اس نے جادو کو ختم کر دیا تھا

a spell under which he resembled a Beast
ایک جادو جس کے تحت وہ ایک جانور سے مشابہت رکھتا تھا۔

this prince was worthy of all her attention
یہ شہزادہ اس کی پوری توجہ کے لائق تھا۔

but she could not help but ask where the Beast was
لیکن وہ مدد نہیں کر سکتی تھی لیکن پوچھتی تھی کہ وہ حیوان کہاں تھا۔

"You see him at your feet," said the prince
"آپ اسے اپنے قدموں میں دیکھتے ہیں،" شہزادے نے کہا

"A wicked fairy had condemned me"
"ایک شریر پری نے میری مذمت کی تھی"

"I was to remain in that shape until a beautiful princess agreed to marry me"
"مجھے اسی شکل میں رہنا تھا جب تک کہ ایک خوبصورت شہزادی مجھ سے شادی کرنے پر راضی نہ ہو جائے"

"the fairy hid my understanding"
"پری نے میری سمجھ چھپائی"

"you were the only one generous enough to be charmed by the goodness of my temper"
"میرے مزاج کی بھلائی سے متاثر ہونے کے لیے آپ ہی واحد سخی تھے"

Beauty was happily surprised
خوبصورتی خوشی سے حیران تھی

and she gave the charming prince her hand
اور اس نے دلکش شہزادے کو اپنا ہاتھ دیا۔

they went together into the castle
وہ ایک ساتھ محل میں چلے گئے۔

and Beauty was overjoyed to find her father in the castle
اور خوبصورتی اپنے والد کو محل میں پا کر بہت خوش تھی۔

and her whole family were there too
اور اس کا پورا خاندان بھی وہاں موجود تھا۔

even the beautiful lady that appeared in her dream was there
یہاں تک کہ وہ خوبصورت عورت جو اس کے خواب میں نظر آئی

"Beauty," said the lady from the dream
"خوبصورتی،" خواب سے خاتون نے کہا

"come and receive your reward"

"آؤ اور اپنا انعام حاصل کرو "
"you have preferred virtue over wit or looks"
"تم نے فضیلت کو عقل یا شکل پر ترجیح دی ہے "
"and you deserve someone in whom these qualities are united"
"اور آپ کسی ایسے شخص کے مستحق ہیں جس میں یہ خوبیاں یکجا ہوں "
"you are going to be a great queen"
"آپ ایک عظیم ملکہ بننے والی ہیں "
"I hope the throne will not lessen your virtue"
"مجھے امید ہے کہ تخت آپ کی فضیلت کو کم نہیں کرے گا "
then the fairy turned to the two sisters
پھر پری دونوں بہنوں کی طرف متوجہ ہوئی۔
"I have seen inside your hearts"
"میں نے تمہارے دلوں میں دیکھا ہے "
"and I know all the malice your hearts contain"
"اور میں جانتا ہوں کہ تمہارے دلوں میں جو بغض ہے "
"you two will become statues"
"تم دونوں مجسمے بن جاؤ گے "
"but you will keep your minds"
"لیکن تم اپنا خیال رکھو گے "
"you shall stand at the gates of your sister's palace"
"تم اپنی بہن کے محل کے دروازے پر کھڑے رہو گے "
"your sister's happiness shall be your punishment"
"تمہاری بہن کی خوشی تمہاری سزا ہو گی "
"you won't be able to return to your former states"
"آپ اپنی سابقہ ریاستوں میں واپس نہیں جا سکیں گے "
"unless, you both admit your faults"
"جب تک کہ تم دونوں اپنی غلطیوں کو تسلیم نہ کرو "
"but I am foresee that you will always remain statues"
"لیکن مجھے اندازہ ہے کہ تم ہمیشہ مجسمے ہی رہو گے "
"pride, anger, gluttony, and idleness are sometimes conquered"
"غرور، غصہ، پیٹو، اور سستی کبھی کبھی فتح ہو جاتی ہے "
"but the conversion of envious and malicious minds are miracles"

"لیکن غیرت مند اور بدنیت ذہنوں کی تبدیلی معجزہ ہے "

immediately the fairy gave a stroke with her wand

فوراً پری نے اپنی چھڑی سے ایک جھٹکا دیا۔

and in a moment all that were in the hall were transported

اور ایک ہی لمحے میں ہال میں موجود سب کو منتقل کر دیا گیا۔

they had gone into the prince's dominions

وہ شہزادے کی سلطنت میں چلے گئے تھے۔

the prince's subjects received him with joy

شہزادے کی رعایا نے خوشی سے اس کا استقبال کیا۔

the priest married Beauty and the Beast

پادری نے خوبصورتی اور جانور سے شادی کی۔

and he lived with her many years

اور وہ کئی سال اس کے ساتھ رہا۔

and their happiness was complete

اور ان کی خوشی مکمل تھی

because their happiness was founded on virtue

کیونکہ ان کی خوشی فضیلت پر قائم تھی۔

The End

دی اینڈ

www.tranzlaty.com

www.ingramcontent.com/pod-product-compliance
Lightning Source LLC
Chambersburg PA
CBHW012013090526
44590CB00026B/3988
* 9 7 8 1 8 3 5 6 6 9 9 5 2 *